Nuovi LumiShine Demi-Permanent Liquid Shade di JOICO

Fatti per far **risplendere** i capelli!

Disponibili nelle versioni: Natural Beige, Gold, Warm Copper

Nuovi modi per far risplendere i capelli? Con LumiShine Gold, Warm Copper, e Natural Beige: tre serie di luminose shade pensate per potenziare la lucentezza e la versatilità dell'hairstyle!

Usate da sole o miscelate con le tonalità demi-liquid LumiShine by Joico preferite possono aiutarti a creare infinite e splendide possibilità per qualsiasi acconciatura!

Parola d'ordine: donare luminosità, tonalità, o lucidità alla chioma – la palette LumiShine's demi-liquid è completamente inter miscelabile ed è stata proprio creata per essere versatile!

E con le nuove shade Gold, Warm Copper e Natural Beige aggiunte al mix, è possibile avere più opzioni circa i servizi tecnici LumiShine.

LumiShine significa:

- Capelli fino a 2 volte più luminosi*
- 100% capelli ricostituiti***
- Viscosità perfetta per un'applicazione rapida con il flacone
- Una formula versatile per tonalizzare, lucidare e illuminare
- Formula a pH bilanciato per performance di colore ottimali

*rispetto a capelli danneggiati non trattati
**rispetto alle colorazioni per capelli senza ArgiPlex

Ideale quando

- Si desidera tonalizzare i capelli pre-schiariti, o correggere il colore dopo un servizio di colorazione permanente
- Si desidera esaltare la brillantezza dei capelli con un servizio di glossing
- Si desidera personalizzare il colore della propria cliente

SERIE GOLD…

- La serie da utilizzare quando desideri ottenere luminosi risultati biondo-dorati
- La serie perfetta quando la tua cliente desidera capelli Biondo miele con il doppio della brillantezza*

SERIE WARM COPPER...

- Utilizza questa serie se desideri donare brillantezza ai toni ramati sbiaditi
- È la serie perfetta per creare un vivace ramato caldo

SERIE NATURAL BEIGE...

- La serie perfetta quando la tua cliente desidera una tonalità beige splendida dall'aspetto naturale
- I tonalizzanti corretti da utilizzare quando desideri neutralizzare i toni caldi ed ottenere risultati di beige naturale ricchi di riflessi

Il suo segreto...

Non è più necessario penalizzare la salute dei capelli per ottenere un colore intenso e brillante. L'esclusiva tecnologia bond-building di JOICO unisce la potenza di tre avanzati complessi di comprovata efficacia — ArgiPlex™ Technology, Quadramine® Complex ed un Conditioner brevettato — per donare una palette di colori luminosa e sana.

BOND-BUILDING ARGIPLEX™

La nostra tecnologia bond-building aiuta a proteggere i capelli e a ridurne la rottura* ad ogni singolo utilizzo. ArgiPlex contiene Arginina, che contiene naturalmente amino acidi, importanti nel mantenere la forza dei capelli.

QUADRAMINE COMPLEX

La miscela esclusiva di JOICO a basso peso molecolare e proteico (MWS 150-2500) aderisce velocemente al capello per aiutarlo a ricostituirsi dalla cuticola alla corteccia. Il risultato? Capelli visibilmente più sani dopo ogni servizio di colorazione LumiShine.
Combing breakage on damaged hair vs. non-conditioning shampoo

Come si usa...

Miscela: 1:1 (parti uguali di colorazione e LumiShine Developer 5 Volumi). Si consiglia l'applicazione con un flacone applicatore del colore. Se miscelato all'interno di un flacone, aggiungere prima il Developer, poi il colore ed agitare bene.
Posa: Lasciare in posa fino a 35 minuti, a seconda del risultato desiderato. Lasciare in posa a temperatura ambiente o sotto fonte di calore.

Servizio post - colore

Da risciacquare accuratamente. Acidificare poi con K-PAK Professional Cuticle Sealer, e risciacquare nuovamente. In seguito, occorre applicare K-PAK Color Therapy Shampoo massaggiare bene. È necessario Lavorare sulle lunghezze dei capelli. Risciacquare accuratamente. Eliminarel'acqua in eccesso. Applicare K-PAK Color Therapy Conditioner sulle lunghezze dopo aver eliminato l'acqua in eccesso. Massaggiare sui capelli e lasciare in posa per 1 minuto. Risciacquare accuratamente. Asciugarel capelli con l'asciugamano. Realizzare la piega che più preferisci con i prodotti styling di JOICO.

Riparare I capelli danneggiati

Per proteggere i capelli danneggiati, usa Defy Damage ProSeries 1 prima della colorazione e Defy Damage ProSeries 2 per un trattamento post - servizio di colorazione.

iHF

IHF n. 45

Direzione, redazione, amministrazione, pubblicità
Management, Editorial office and Advertising

ISOMEDIA srl
Via G. Donizetti, 12
20090 TREZZANO SUL NAVIGLIO (Milan) – Italy
Tel. e fax +39 02 48409019
www.ihfmagazine.it
www.isomedia.it
info@isomedia.it

Direttore responsabile
Editor in Chief
Marisa Leali

Hanno collaborato a questo numero
Cooperators
Penny Alfieri, Monica Bon, Eleonora Bussani,
Sergio Donelli, Gigi Gandini, Michele Gandolfi,
Franco Felice Fumagalli, Roberto Gotti, Anna Leali,
Gianluca Lucchese, Maria Chiara Mercati, John Santilli,
Filippo Sepe, Michela Traversini

Grafica e impaginazione || Graphical design
Martina Donà – www.patuz.com
Registrazione Tribunale di Milano n. 485 del 23.07.2008
Spedizione in abbonamento postale 45%, art. 2 comma
20/ Legge 662/96 filiale di Milano

D.L. 353/2003 (conv. in L. 27.02.2004 n. 46)
Art. 1 comma1 DCB Milano
Articoli e fotografie, CD rom, materiale fotografico e
pubblicitario
Su supporti magnetici anche se non pubblicati, non
verranno restituiti.
Tutti i diritti sono riservati ed è vietata la riproduzione
anche parziale di testi e fotografie
Iva a carico dell'editore, non detraibile dall'abbonamento
ai sensi dell'art. 74, comma I, lettera C, DPR 633/72

iHF

Italian & International
Hair Fashion +
Beauty and Wellness

www.ihfmagazine.it

Sommario/*Contents*

Cover credits
Creative direction: Bruno Marc Giamattei
Hair creation: Sevda Durukan,
Alberto Di Domenico, Daniel Spiller
Creative assistance: Valentina Malta
& Gregory Mastrostefano
Photography: Jamie Blanshard
Make-up: Katie Moore
Styling: Ellen Spiller

hairstylist
Éric Zemmour
FROM FRANCE
4
IHF italian & international hair fashion • n° 45 / 2023

credits :: crediti
creative director: Eric Zemmour
photo: Maciej Swistek
make-up: Anna Sokolowska
styling: Nana Chomik
production: MKPRODUCTION

5

Matjaž Cej
FROM SLOVENIA

8

credits :: crediti
cut and colour: Matjaž Cej
photo: Jernej Humar
make-up: Ana Lazovski
styling: Tanja Zorn

Maschera purificante all'argilla bianca

Questa nuova maschera completa la linea Purity all'Argilla Bianca di Biomed Hairtherapy, si affianca a: Shampoo Vegetale Purificante, Mousse Purificante, Shampoo Vegetale Astringente e Shampoo Vegetale Equilibrante. Il marchio si è distinto nel  settore professionale per l'efficacia dei trattamenti curativi e per l'avanguardia delle formulazioni a base di principi attivi naturali e biologici. Con questa novità risponde in maniera mirata e concreta alle esigenze del cuoio capelluto, dove ogni giorno si depositano inquinamento, polveri sottili, residui di styling, provocando irritazione, prurito e presenza di forfora e sebo. Il cuoio capelluto ha molteplici funzioni: da qui i follicoli attingono la loro energia per far nascere i capelli, è la barriera protettiva contro le aggressioni esterne, il suo film idrolipidico previene la secchezza, combatte i batteri e rafforza i capelli.

Nasce per questo la Maschera Purificante a base di argilla bianca, acqua costituzionale biologica di salvia, burro di karitè e olii essenziali di menta e lavanda. È stata formulata per rimuovere le impurità e svolgere al contempo un'efficace azione sebo regolatrice ed idratante. Ricca di principi attivi naturali e biologici, dalla profumazione fresco fiorita, durante e dopo l'uso, dona una piacevole sensazione di pulizia e freschezza. È indicata anche per cute sensibile, con sebo e forfora, ideale anche per i giovani (il "capello grasso" è molto legato alle problematiche di pelle grassa tipica di quell'età).

In vendita in salone e su **www.socostore.it**

Aveda Color Control™ - Leave-In Treatments

Dotati di tecnologie botaniche ad alte prestazioni, i Color Control™ Leave-In Treatments difendono contro le principali cause dello sbiadimento del colore dei capelli e proteggono il colore dei capelli fino a 12 settimane.

Privi di siliconi e con il 98% di derivazione naturale, i trattamenti, disponibili nelle formulazioni Light e Rich, aiutano a

proteggere il colore per un periodo fino a 12 settimane, lasciando i capelli morbidi, setosi, lisci e luminosi.

I nuovi Color Control™ Leave-In Treatments rafforzano i capelli per aiutarli a mantenere il colore più a lungo e li proteggono dai danni causati dal calore dello styling (fino a 230 gradi), che può influire sulla luminosità del colore. Le formule sono realizzate con olio di albicocca certificato biologico, un olio nutriente che mantiene il colore luminoso e i capelli morbidi, elastici e idratati; olio di avocado certificato biologico, che leviga la cuticola per districare i capelli; e zenzero della sabbia, un filtro UV di derivazione naturale che protegge dagli effetti di secchezza causati dal sole. Inoltre, il Color Control™ Leave-In Treatment Rich presenta un complesso botanico acido, composto da arginina, un aminoacido biofermentato ed un componente essenziale per i capelli sani, e da acido lattico biofermentato da barbabietole da zucchero, che aiuta a migliorare l'aspetto sano e la lucentezza dei capelli.

Il Color Control™ Leave-In Treatment Light è adatto per capelli colorati o con colpi di sole di consistenza fine o media. Il Color Control™ Leave-In Treatment Rich contiene 7 volte più ingredienti condizionanti3 per una maggiore idratazione e morbidezza per capelli colorati o con colpi di sole di consistenza media o spessa. La linea Color Control™ di Aveda è arricchita con un aroma fresco, floreale-fruttato e legnoso con sfumature erbacee brillanti, caratterizzato da osmanthus certificato biologicamente, arancia, cipresso e legno di cedro. **Info: www.aveda.com**

Density di Biomed Hairtherapy: capelli più forti in autunno

L'autunno, come è noto, è la stagione in cui a cadere non sono solo le foglie dagli alberi, purtroppo anche i capelli! Soluzione al problema è la linea Density di Biomed Hairtherapy, il marchio SOCO Professional scelto dai migliori saloni di acconciatura per l'efficacia dei trattamenti curativi e per l'avanguardia delle formulazioni a base di acque costituzionali vegetali biologiche e principi attivi naturali e biologici La linea Density, a base di Acqua costituzionale biologica di Melograno e di Estratti biologici di Limone, di Mirtillo nero e Cheratina, garantisce nei mesi autunnali un apporto di energia ed un trattamento completo per i problemi di caduta stagionale dei capelli. La linea è costituita da Shampoo Vegetale Anticaduta, Trattamento Anticaduta, Trattamento Rigenerante Anticaduta e Serum Densificante. I trattamenti, usati con regolarità, agiscono sulla cute migliorando la microcircolazione e donano ai capelli deboli e sottili maggiore forza e densità.

Shampoo Vegetale Anticaduta* DENSITY: shampoo a base vegetale delicata studiato per conferire nuova forza ai capelli deboli, sottili e tendenti alla caduta, e per tonificare il cuoio capelluto. La formula è arricchita con Acqua Costituzionale biologica di Melograno, dalle proprietà antiossidanti e vitaminiche, ricca di preziosi alleati per rinforzare i capelli come il manganese, il fosforo, il potassio e vitamine; estratto biologico di Limone dalle proprietà energizzanti e rinvigorenti; e Cheratina, proteina fondamentale della quale sono costituiti i capelli che conferisce tono e densità ai capelli sottili.

Trattamento Anticaduta* DENSITY: trattamento anticaduta pensato per combattere il fenomeno della "caduta stagionale" dei capelli.

Trattamento Rigenerante Anticaduta* DENSITY: trattamento anticaduta pensato per combattere con efficacia i casi di caduta progressiva dei capelli. Un trattamento "d'urto" che agisce direttamente sul follicolo pilifero, rivitalizzandolo, grazie alla presenza di Acqua Costituzionale

12 | in SALONE

biologica di Melograno, complesso di Pantenolo, Inositolo, Cisteina e Metionina e vitamina B5. Gli estratti biologici di Mirtillo Nero e di Ippocastano completano l'azione stimolante sul cuoio capelluto. Serum Densificante DENSITY: serum densificante pensato per capelli fragili e sottili che preserva la giovinezza del capello e ispessisce la struttura cuticolare.la brillantezza e volume allo stelo del capello risulteranno più corposo, ispessito e forte. La superficie cuticolare sarà protetta dal calore di phon, piastre e ferri.
Un motivo in più per scegliere la linea Density di Biomed Hairtherapy è uno speciale cofanetto da acquistare in salone.

5 nuove linee haircare firmate ELGON

Ogni chioma ha differenti che non possono essere affrontate con un trattamento uguale per tutti. Per questo motivo nasce ESSENTIALS, la novità di Elgon che consta di cinque nuove linee, che si aggiungono a Yes Curls già in gamma, in grado di offrire una soluzione essenziale, professionale e sicura e risultati immediatamente visibili ad alcune delle problematiche più diffuse dei capelli secondo i consumatori, a casa e in salone.
CAPELLI OPACHI E SPENTI, causati dalla mancanza di idratazione, dall'uso di prodotti aggressivi o dall'esposizione a micro-aggressioni esterne che possono rimuovere l'umidità naturale dai capelli, facendoli apparire spenti e poco vitali.
MANCANZA DI IDRATAZIONE E NUTRIMENTO: i capelli possono diventare secchi e disidratati per tanti motivi diversi (fattori ambientali, uso di strumenti per lo styling, servizi tecnici frequenti, una dieta non equilibrata e così via). L'idratazione è una necessità fondamentale per la chioma, avere i capelli molto secchi infatti può renderli più fragili, opachi e inclini alla rottura.
CAPELLI CRESPI: l'effetto crespo è una costante per molti, specialmente per chi ha i capelli ricci o ondulati. Una chioma indisciplinata può trasmettere l'idea di essere trascurata e perennemente in disordine; per evitarlo, si può intervenire con dei prodotti che aiutino a controllare questo effetto, rendendo i capelli più lisci e gestibili e garantendo di conseguenza un aspetto più curato e luminoso.
LAVAGGI FREQUENTI: ci sono poi coloro che hanno necessità di lavare quotidia-

namente i capelli, come ad esempio gli sportivi o chi ha una eccessiva produzione di sebo: questi vanno spesso incontro agli inestetismi legati alla disidratazione della fibra capillare o allo sbiadimento del colore, con il risultato che i capelli risultano spenti, crespi e in alcuni casi appesantiti.
ESSENTIALS è la novità haircare studiata per dare una risposta semplice ed efficace a ciascuna necessità specifica, garantendo ai capelli un benessere essenziale grazie alle profumazioni avvolgenti, frutto di un'intensa ricerca dei laboratori Elgon che trasformano il momento haircare in un'esperienza straordinaria e multi-user, senza distinzioni di genere, origine e orientamento. Per capelli visibilmente belli e sani, per tutti.
In vendita presso: E-commerce Elgon **Elgoncosmetic.com** e presso i saloni di acconciatura professionale

Nexxus Sun Collection: Nuova linea professionale

Direttamente da New York, arriva in Italia Nexxus (marchio del Gruppo Unilever), la linea professionale di prodotti e trattamenti per capelli a base di proteine. Anche se nel nostro paese è una novità assoluta, il brand vanta una storia che

inizia nel 1979 quando il suo fondatore, lo scienziato e cosmetologo Jheri Redding, ebbe l'idea rivoluzionaria di trattare i capelli con le proteine per dar loro una nuova vita.
Con una miscela unica di proteine idrolizzate, Olio di Macadamia e Acqua di Riso, Nexxus, presenta Nexxus Sun Collection: la nuova gamma dedicata alla cura dei capelli proteggendoli da sole, raggi UV, vento e sale. Inoltre, ogni prodotto vanta un effetto anti-color fading che oltre a proteggere i capelli, preserva il colore anche di quelli maggiormente trattati.
SHAMPOO AFTER SUN
Ideale per nutrire e districare i capelli stressati da sole, salsedine e vento. Arricchito con Cheratina Vegetale, offre una detersione delicata e aiuta a rimuovere cloro, sale e sabbia. Con Olio di Macadamia nutriente e protettivo, dona morbidezza ai capelli esaltando e illuminando il colore. Ideale dopo l'esposizione solare.
CONDITIONER AFTER SUN
Arricchito con Cheratina Vegetale, protegge i capelli migliorandone l'elasticità per un'azione anti-rottura, emolliente e districante. Risana i capelli stressati da sole, salsedine e vento, rimuovendo cloro, sale e sabbia. L'Olio di Macadamia dona morbidezza, esaltando e illuminando il colore dei capelli. Ideale dopo l'esposizione solare.
ANTI-FRIZZ HAIR UV PROTECTION OIL
Un olio protettivo per capelli senza risciacquo, arricchito con Cheratina Vegetale e Olio di Macadamia che aiuta a proteggere, riparare e nutrire i capelli in profondità. Con effetto emolliente, ristrutturante e anti-crespo, esalta ed illumina il colore dei capelli rendendoli morbidi e proteggendoli dagli agenti atmosferici estivi. La sua speciale formula aiuta a mantenere il colore brillante e più a lungo. Il finish perfetto per un haircare con stile.
BEACH WAVES HAIR UV PROTECTION SPRAY
Uno spray bifasico arricchito con Cheratina Vegetale che riveste i capelli proteggendoli dai raggi UV e dagli agenti atmosferici estivi, prevenendone i danni. L'Olio di Macadamia dona morbidezza, esalta il colore naturale dei capelli e protegge anche quelli più trattati. Con azione illuminante e districante, dona ai capelli un soft styling per un effetto beach waves anti-crespo, proteggendo dal sole.

13

hairstylist
Cally Borg Art Team
FROM GREAT BRITAIN
14

credits :: crediti

hair: Cally Borg Art team
(Cally Borg, Polly Rhodes, Bethany Butler)
photo: Soulla Petrou
make-up: Daisy Holubowicz
styling: Kelly Harvey Welsh

16

COSMOPROF
WORLDWIDE BOLOGNA

- **LA FIERA LEADER MONDIALE PER L'INTERA INDUSTRIA DELLA COSMETICA E DELLA BELLEZZA PROFESSIONALE**

- **BOLOGNA**
  QUARTIERE FIERISTICO

- **21 – 23 MARZO 2024**
  COSMOPACK
  COSMO PERFUMERY& COSMETICS

  NEW! 21 – 24 MARZO 2024
  COSMO HAIR&NAIL& BEAUTY SALON

- **COSMOPROF.COM**

Organizzato da
BolognaFiere Cosmoprof S.p.a.
info@cosmoprof.it

Heads Collective

Un evento di

In collaborazione con

Con il supporto di

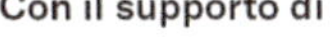

A new world for beauty

Bologna, Hong Kong,
Las Vegas, Mumbai,
Bangkok, Miami

hairstylist
Melissa Timperley
FROM GREAT BRITAIN
18
iHF italian & international hair fashion • n° 45 / 2023

credits :: crediti
hair: Melissa Timperley
photo: Michael Young
make-up: Faye HJ Cumberbatch
stylist: Rubina Vita Marchiori

19

21

hairstylist
HCF Creativ Team
FROM FRANCE

credits :: crediti
realisation: HCF Creativ Team
artistic director: Christophe Gaillet
photo: Maciej Swistek
stylism: Katarzyna Jablonska
Thank to Vitkac
make-up: Martyna Molenda
production: MK Production
partners: L'Oréal Professionnel
I Revlon Professional

23

25

"The Drivers Behind It"

Anconú, propone profumi unisex realizzati a Grasse, Francia. "The Drivers Behind It" è il nome della prima collezione di Anconú composta da quattro fragranze ispirate alla rappresentazione del richiamo dell'ignoto trasformato in vera bellezza e carattere: Vetiver Drizzle, Ladan Dusk, Elemi Sand e Rosebud Moss.

Un profumo è una pura connessione di tempi e distanze, con forme, persone, esperienze concrete e astratte, - commenta la fondatrice del brand spagnolo Anconu', Maria Gabriela Gimenez,

Un magnetismo che abbraccia un viaggio di scoperta personale attraverso profumi unici, il tutto creato dalla perfetta miscela di aromi e note che nascono dall'esperienza personale. L'unicità di ogni pelle, quella che stimola un viaggio di scoperta personale e in cui ogni persona è protagonista della propria esperienza, del proprio odore.

Anconú è un marchio energico, in movimento, che mostra forza in tutto ciò che fa, Anconú non utilizza plastica negli imballaggi, ma un materiale finlandese riciclabile, riutilizzabile e biodegradabile ricavato da materie prime rinnovabili. Uguaglianza Profumi senza generi, né etichette.

VETIVER DRIZZLE: Eau de Parfum 100 ml
Il calore del legno di cedro, esaltato dagli agrumi del limone e dal tocco aromatico della menta, creano una fragranza piena di malizia e freschezza. Stimolato da

legno di cedro, limone e menta.Emozione Olfattiva: una fragranza piena di malizia e freschezza.

LADAN DUSK: Eau de Parfum 100 ml
E' il profumo di una rimonta, che colpisce teneramente. Come la forma dei ricordi sorge dai resti di giorni preziosi. La dolcezza delle foglie di violetta, il carattere del pepe e la malizia del cuoio, si fondono in un mare che immerge la nostra pelle nel perfetto mix tra umido e secco. Trascende da fieno, cuoio e muschio. Emozione Olfattiva: una fragranza dal carattere esploratore.

ELEMI SAND: Eau de Parfum 100 ml
È un mix umido e orientale, proveniente dalla fusione tra incenso, muschio e cannella, apre spazio alla provocazione e al silenzioso magnetismo della tua pelle. Caratterizzato da Incenso, Ambra e Mirra. Emozione Olfattiva: una fragranza profonda senza estremi.

ROSEBUND MOSS: Eau de Parfum 100 ml
La miscela di una foresta piena di note verdi, rosa e gelsomino, risveglia le idee più pure e misteriose. Il legno di sandalo e la prugna introducono la qualità di invitarci in un mondo talcato e legnoso, creando una fragranza pura dal carattere unico. Reso unico da Bergamotto, Sandalo e Prugna. Emozione Olfattiva: una fragranza morbida e decisa.

Crema Acida Original Formula 1983 (Acido Salicilico + Acido Ialuronico)
Riequilibrante del Ph e Anti Imperfezioni

Da una formula testata e raffinata, usata con efficacia da 40 anni e perfezionata da Wonder Company nel 2023, nasce la nuova Crema Acida 24h Wonder Company, a base di acido salicilico e acido ialuronico. Specifica per il viso, anti imperfezioni e riequilibrante del PH della pelle, agisce grazie alla combinazione sinergica di Acido Ialuronico (4 pesi molecolari) che idrata a diversi strati e Acido Salicilico, esfoliante che stimola il turnover cellulare. La combinazione di attivi ripristina la naturale acidità della pelle e rigenera il film di rivestimento, riducendo così le imperfezioni e restituendo tono, compattezza ed elasticità alla pelle del viso, che risulta idratata, luminosa, equilibrata e protetta dalle aggressioni esterne. La Crema Acida Wonder Company è dermatologicamente testata dal Centro di Cosmetologia dell'Università di Ferrara.
Info: www.wondercompany.it

Always on Skin-Balancing Foundation

Un nuovo fondotinta pensato per controllare la lucidità e donare idratazione, formula a lunga tenuta, infuso di ingredienti che si prendono cura della tua pelle, prende vita nel fondotinta Always On Skin-Balancing Foundation.
Quando la tua routine chiede di più alla tua pelle, ecco un fondotinta che si adatta a qualsiasi sfida ti aspetti. Creato da pro artists e testato nelle condizioni più estreme, il nuovo Always On Skin-Balancing Foundation è formulato con adattogeni che aiutano la pelle a regolarizzare la produzione di sebo e il livello di idratazione a seconda delle esigenze, donando all'incarnato un aspetto uniforme e perfettamente bilanciato, fino a 16 ore. Si tratta di un innovativo fondotinta a lunga tenuta che controlla la produzione di sebo della pelle e ne bilancia l'idratazione, offrendo una copertura modulabile per un incarnato visibilmente uniforme, dal look naturale.
Disponibile sul sito smasbox.eu/it e in esclusiva negli store Douglas e su **www.douglas.it**

Fragranze perfette per le prime giornate della stagione autunnale

La fragranza perfetta per accompagnarci verso l'autunno?
UERMI, brand made in Italy di profumeria artistica, ha selezionato due eau de parfum, la prima dedicata al frutto protagonista del mese di settembre, il fico e la seconda profonda, quasi mistica, grazie ad un fantastico blend di legno di cedro e oud. UR Silk 19 by Alexandra Carlin è un equilibrio squisito tra fiori, spezie, legni e il setoso profumo del fico che si fonde con il prezioso thè bianco. La seta, sempre presente nel tempo e nelle diverse culture e la più sensuale delle texture sulla pelle, ha un'unità di misura chiamata 'momme' e il numero 19 rappresenta l'equilibrio ideale di elementi per una seta di altissima qualità.
Note di testa (thè bianco, cardamomo, bergamotto), di cuore (latte di fico, orris*, gelsomino) e di fondo (vetiver, legno di cedro, musk) si amalgamano per creare una fragranza fresca e allo stesso tempo calda e sensuale, cipriata eppure effervescente.
We Tweed by Jean Jacques rispecchia in tutto e per tutto un'armonia di contrasti. È caratterizzata da una nota intensa, profonda di incenso, alleggerita dalla foglia di viola. Benzoino e ambroxan danno vita a note di fondo appena dolci e croccanti, ma sempre calde e pungenti, che vengono rese rotonde e importanti da un blend di legno di cedro e oud. Note di testa (pepe nero e cardamomo), note di cuore (incenso, foglia di violetta) e note di fondo (patchouli, benzoino, ambroxan, legno di cedro, accordo cuoio, oud) creano un equilibrio di contrasti ruvido e sensibile.
Info: www.uermi.com/#product

Una coccola decongestionante e illuminante

Un momento di puro relax e di coccole beauty per ricaricare le batterie e illuminare lo sguardo? Eye Depuff Hydro Patch per il contorno occhi, monouso idratanti e defaticanti per uno sguardo più fresco e luminoso. L'acqua di fiordaliso ha proprietà lenitive e addolcenti. La radice di Konjac, originaria dell'Asia e ricca di minerali, a contatto con l'acqua aumenta il suo volume fino a 200 volte, con effetto idratante e rimpolpante. 
Occorre lasciare il patch in posa 15-20 minuti, poi rimuovere. Per potenziare l'effetto defaticante, riporre il prodotto in frigo prima dell'applicazione. SINESIA, per dedicare alla bellezza il proprio tempo in modo autentico e consapevole.
Info: www.sinesia.com

SKIN4PASSION: ingredienti naturali per una cura della pelle d'eccellenza

I cosmetici Skin4Passion sono prodotti naturali e dermatologicamente testati su pelli sensibili: oltre 30 ingredienti, frutto di studi scientifici condotti da un comitato di professionisti e ricercatori del settore cosmetico, caratterizzano le referenze che si distinguono per la loro unicità nel conferire alla pelle una particolare morbidezza, lucentezza, nutrimento ed elasticità.
La natura e il tempo sono fattori che regolano i processi benefici del corpo; Seguendo questo concetto, l'azienda da voluto impiegare, fin dalla sua nascita, le materie prime che dona il territorio, orientando la produzione verso prodotti destinati al benessere del corpo, con una particolare attenzione ai bisogni della cute, continuamente esposta ad agenti esterni nocivi e a fattori di stress ossidativo.
Infatti la formulazione dei cosmetici Skin4Passion si distingue per l'utilizzo dell'idrossitirosolo, un polifenolo che si trova in natura nelle olive e nelle foglie della pianta, come principio attivo naturale e funzionale. Tutti gli ingredienti contenuti nei prodotti dermatologicamente testati del brand sono al 100% naturali e la qualità e sicurezza per chi li utilizza è garantita da un team di tecnologi altamente qualificati che combinano gli elementi naturali in formulazioni innovative e green.
Il rispetto e la protezione dell'ambiente ha indotto l'azienda anche a valutare attentamente i materiali utilizzati per il packaging: le confezioni infatti sono destinate alle filiere di riciclaggio, confermando l'impegno di Skin4Passion a limitare qualsiasi futuro impatto ambientale diretto o indiretto.
La linea di prodotti comprende una gamma completa per la beauty routine sia per Lei che per Lui. I prodotti specifici per il mondo maschile comprendono l'olio per la cura della barba, una mousse pre-trattamento e il fluido post-rasatura. Le referenze pensate per tutti comprendono gli olii per il corpo, lo scrub purificante viso e, prodotti di punta del brand, la crema viso 24 h e la crema anti-age con micro-perle di olio d'oliva.
La 24H Advanced Face Cream ha una formulazione multifunzionale, a rapido assorbimento, setosa e leggera, che dona alla pelle un effetto idratante, illuminante, lenitivo e anti-age.
La Ultra Anti Age Defying ha una formulazione a base di idrossitirosolo, con acido ialuronico, acqua di mare e micro-perle di olio d'oliva che la rendono unica come crema antirughe rimpolpante ed elasticizzante.
Info: www.skin4passion.com

hairstylist
Marta Roback
FROM POLAND
28
iHF italian & international hair fashion • n° 45 / 2023

credits :: crediti
hair: Marta Robak,
photos: Marta Macha
makeup: Agata Nowakowska
dresses: Mona Liza www.monaliza.com.pl
models: Agnieszka Praszałowicz,
Karolina Podolak, Nikola Okoń
cooperation: Elwira Maj / Trainer Hairdreams
cosmetics: Kaaral

29

31

hairstylist
Marta Robak
FROM POLAND
32
iHF italian & international hair fashion • n° 45 / 2023

credits :: crediti
photo: Marta Macha
make-up: Anna Akińcza
design and production of the dress:
Kamil Hala
models: Nikola / SPP Models Agency,
Aleksandra / ECManagement

33

Genere? No, grazie.

Makeup maschile: una tendenza in crescita. I cosmetici sono semplicemente per tutti e senza confini.

"C'è, nell'aria, un nuovo modo di intendere il maschile e il femminile"; cit. Giorgio Armani (2015)

New York, London, Milano e Parigi; collezioni Autunno-Inverno 2023/2024: nei backstage delle sfilate uomo i make-up artist fanno uso massiccio di kajal e matita sfumata, osando un make-up effetto cat-eye, smudged soft smokey. Ma anche solamente fondotinta e correttori per un look flawless naturale e neutro.

Su un gioco di luci e ombre, un generoso blush - effetto cheeckbone - ad esaltare ancora più il volto già squadrato dei modelli impavidi che si prestano anche al trucco labbra rese perfette da sofisticati toni rosa nude mat.

Il legame tra l'uomo e trucco è una storia antica. Dai faraoni dell'antico Egitto, agli antichi romani che facevano abbondante uso di cosmetici, passando da Versailles alla corte del Re Sole con i volti incipriati e le pomette. Ma non solo.

All'inizio del XX secolo troviamo la bel-

Franco Felice Fumagalli

Franco Felice Fumagalli è un truccatore di fama internazionale.

Inizia il percorso professionale nei primi anni '80 come elemento di spicco dell'iconico "Makeup Studio" di Diego Dalla Palma. Tantissime le sfilate con i grandi nomi della moda italiana e internazionale, truccando i visi delle modelle più in auge e lavorando con le top model che hanno fatto la storia della moda.

Ha vissuto a Los Angeles per anni, collaborando con nomi celebri di Hollywood.

Molti i suoi lavori pubblicati su testate editoriali prestigiose come Vogue, Baazar, Elle, Cosmopolitan, Amica, Grazia e altri ancora. Attualmente collabora con MBA Making Beauty Academy - Milano come Docente Makeup Fashion e Storia del Trucco Moda.

lezza ambigua di Rodolfo Valentino, divo del cinema muto, sex simbol per eccellenza e "tombeur de femmes" a cui fu dato l'appellativo di "Latin Lover". Iconico e quanto mai moderno, perfettamente truccato, occhio tenebroso soft smokey, labbra leggermente "rugiadose".

Ma è dallo star system che ci arrivano poi gli esempi più eclatanti: David Bowie, Michael Jackson, Prince, Boy George, Freddie Mercury, il chitarrista dei Rolling Stones Keith Richards, negli ultimi anni gli occhi profondi di nero bistrati di Damiano dei Måneskin… e ancora, ancora, ancora.

Stesso fil rouge anche tra gli attori: dallo smokey eye più famoso del pirata caraibico Johnny Depp, a Jared Leto, a Daniel Kaluuya per poi arrivare a uno sportivo: l'iconico David Beckham sulla copertina di una famosa rivista con eyes shadow emerald green e matita nera sbavata sotto l'occhio.

Tutti pazzi per il make-up maschile, insomma.

Prima l'ascesa della cultura genderless, poi il trend del trucco genderfluid, ma ora i beauty look cambiano e portano l'idea di unisex ad un nuovo livello.

Superata la dicotomia maschile/femminile, infatti, il make-up è diventato "neutrale", il mezzo perfetto per mostrare la propria personalità e creare un beauty look che possa definire come valorizzare, accettare e amare sé stessi senza paura. Un trucco che non ha bisogno di definizioni, capace di rovesciare le vecchie norme culturali e aprire la mente.

La nuova bellezza perde davvero ogni distinzione di genere, trasformando il make-up in un territorio privilegiato in cui ognuno possa esprimersi senza vincoli. Da vezzo squisitamente femminile, il make-up diviene adatto a rappresentare anche gli uomini.

Sfuggendo a qualsiasi categorizzazione, il trucco smette di essere un'arma di seduzione o l'espressione di uno status sociale, per trasformarsi in pura bellezza, in senso artistico e libertà di essere sé stessi, qualunque sia il genere in cui ci si riconosce, perché la cosa che conta è essere felici e sentirsi veri.

Il make-up diviene così finalmente l'espressione più autentica della bellezza inclusiva e neutra. Negli ultimi anni, con i nuovi cambiamenti sociali, la "beauty inclusivity" è diventata una vera e propria realtà che abbraccia ogni tipo di estetica, non più solo una tendenza passeggera e amata dai Vip.

Dalle fragranze "unisex", capaci di piacere indistintamente sia agli uomini sia alle donne, introdotte nel mondo della profumeria negli anni '90, decenni dopo, que-

sto termine è entrato definitivamente nel vocabolario comune anche per lo skincare. Gli ingredienti non hanno genere e vanno bene per tutti, dal clean al vegan arrivando alle nuove formule per la pelle che non tengono alcun conto dei cromosomi X e Y.

Sempre più uomini, anche i meno giovani, sono propensi a comprare, e quindi usare, prodotti per il make-up, per potersi esprimere e raccontarsi nella vita di tutti i giorni con trucchi più o meno eccentrici oltre ovviamente al più comune make-up "flawless and nude".

Il mondo del beauty ha tantissimo da offrire e, oggi, è diventato un vero e proprio mezzo alla portata di chiunque. Dalle fragranze, allo skincare, dal make-up alle nails, le barriere di genere sono state definitivamente abbattute, per merito anche delle ultime generazioni.

Anche gli smalti e le unghie oggi sono un vezzo di bellezza scelto e usato da molti. La manicure maschile, sdoganata da tempo nel mondo fashion, artistico e della musica pop, da Morgan a Fedez, da Achille Lauro a Sangiovanni, per rimanere nei confini nostrani, sta diventando sempre più comune nell'universo maschile.

Sono ragazzi Gen Z i più disinvolti per quanto riguarda l'utilizzo del trucco, interpreti di questa nuova concezione di make-up , mezzo con cui potere esprimere totalmente il proprio stile , includendo il look senza sesso o unisex.

Il make-up non è più un gioco "da ragazze". Oggi è soprattutto "da ragazzi", a giudicare dalle ultime esibizioni performate sul palco dell' Eurovision Song Contest 2023 svoltosi presso la Liverpool Arena, nel Regno Unito.

Quando il giorno sta per finire, ma la serata è ancora lunga, ci si mette un po' di matita sugli occhi e un tocco di glitter sulle palpebre, "et voilà!", il gioco è fatto. Quanti amici, fidanzati e mariti, questo prossimo inverno saranno pronti a truccarsi come se stessero per affrontare una serata al mitico "Studio 54" di New York negli anni '70?

Maschile o femminile non conta più, il bello è fluido, è mescolarsi, è giocare a trasformarsi, senza distinzione di genere né di età: è la nuova frontiera del make-up.

La parola d'ordine è "versatilità", non obbligatoriamente glamour, ma nemmeno trash; sempre con buon gusto, mai con volgarità.

Franco Felice Fumagalli

35

hairstylist
Pascal Coste
FROM FRANCE
36

credits :: crediti
creative director: Eric Zemmour
photo: Maciej Swistek
make-up: Maja Blawuciak
stylisme: Zuzanna Wodoracka
production: MKPRODUCTION

37

38

39

I capelli belli non hanno età!

Amare i propri capelli ad ogni età grazie alla rivoluzionaria linea JOICO YouthLock che mantiene i capelli lucenti, elastici e facilmente gestibili, fissando la forza e la lucentezza del capello. Questo quartetto a base di collagene è una boccata d'aria fresca per i capelli stanchi e sfibrati dal tempo!

Capelli che hanno perso corpo e elasticità? Spenti e secchi? YouthLock è una linea di prodotti a base di collagene che:

- Riporta elasticità e giovinezza
- Riduce la caduta di capelli*
- Aumenta il benessere e la lucentezza dei capelli
- Ristabilisce la morbidezza e la gestibilità del capello
- Senza solfati SLS/SLES**
- Salvaguarda il colore

*Causata dalla rottura da spazzolatura
** Solfati SLS/SLES = sodio lauril solfato/sodio laureth solfato

YouthLock Shampoo
YouthLock Shampoo rivitalizzante è il numero uno per capelli sfibrati. Abbastanza delicato da poter essere utilizzato ogni giorno, assicura un lavaggio profondo, lasciando inalterate le qualità del cuoio capelluto.

YouthLock Conditioner

YouthLock Conditioner, la soluzione arricchita di collagene per capelli maturi, secchi e fragili. Fornendo elasticità, lucentezza e morbidezza, questo balsamo idrata e dona ai capelli una nuova brillantezza.

YouthLock Treatment Masque

Questo trattamento profondamente nutriente riporta alla luce i giorni di gloria passati! Trasforma capelli crespi, secchi e indisciplinati in ciocche perfettamente gestibili, lucenti e rigogliose, portando una ventata di aria fresca!
Inoltre, aiuta a fermare la caduta dei capelli dovuta alla spazzolatura, dona una lucentezza eccezionale e un'elasticità unica, dopo una sola applicazione.

YouthLock Blowout Crème

Si tratta di uno scudo termico che entra giornalmente in azione per proteggere i capelli maturi da rotture, caduta, umidità e persino dall'effetto crespo.
Quando i capelli appaiono affaticati e crespi, è essenziale asciugarli in maniera adeguata con lo scopo di evitare ulteriori danni. YouthLock Blowout Crème salvaguarda i capelli con una protezione esclusiva che inverte gli effetti del tempo sulle ciocche.
Per maggiori informazioni sull'intera collezione #youthlockhaircare si può visitare il sito **Joico.eu - joico@admirabilia.it**
Condividi la tua #hairjoiceroutine online con #healthyhairisageless!

Crazy colors per la notte di Halloween

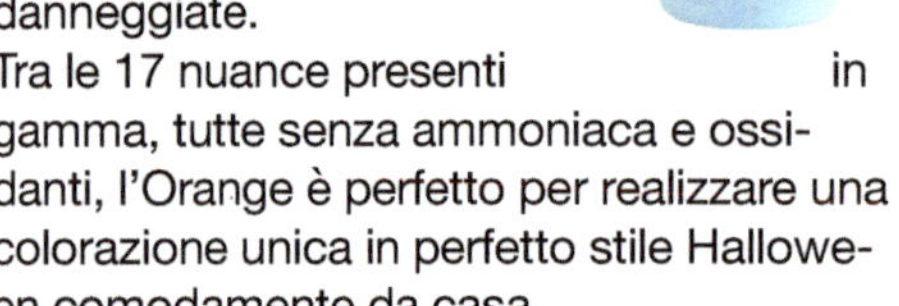

La notte di Halloween si avvicina e un hairstyle "da paura" è quello che ci vuole, per un look dai colori vivaci e con styling sorprendenti.
La colorazione diretta in crema di Smart.plex Axenia, marchio professionale SOCO, è la soluzione più rapida e semplice per un "crazy color" temporaneo e che, allo stesso tempo, protegge la struttura interna del capello e risana le fibre precedentemente danneggiate.
Tra le 17 nuance presenti in gamma, tutte senza ammoniaca e ossidanti, l'Orange è perfetto per realizzare una colorazione unica in perfetto stile Halloween comodamente da casa.
Se invece si vuole puntare su uno styling originale, la Linea Styling So One offre prodotti per fissare e modellare con stile la piega con effetti sempre unici. L'ARTMove crema gel-rimodellante, adatta per qualsiasi tipo di capello, regala immediatamente struttura, definizione e morbidezza, permettendo di ricreare lo stile "snake-move".
Con l'ARTWax cera lucidante sarà semplicissimo creare look dall'effetto bagnato o texturizzato; svolge un'azione rinforzante sui capelli, idratandoli e riparandoli assicurando massima tenuta e

forza. Si modella facilmente e si elimina con un leggero shampoo.
Tutti disponibili – in salone e sul sito:
www.socostore.it

Capelli Ricci, che passione! Con Alterna

I capelli ricci hanno subito una metamorfosi negli ultimi tempi; mentre le donne di colore in tutto il mondo hanno creato regimi e metodi per ottenere il massimo dai loro ricci, in altre parti del mondo le donne che di solito investono più tempo nella lisciatura dei capelli, ne accettano la loro struttura naturale. Ciò che questo significa per il professionista dei capelli è che non esistono due clienti con i capelli ricci uguali; avranno background diversi, esperienze diverse, diversi livelli di conoscenza e diversi risultati desiderati. Il suo compito è trovare le informazioni giuste in modo che ogni cliente riccia se ne vada sentendosi niente di meno che fantastica! Chiedere loro come preferiscono portare i capelli, se sono crespi quando subiscono l'umidità – se le loro abitudini sui capelli cambiano con le stagioni, ecc. ecc.
Una volta acquisita la conoscenza dello stile personale e delle abitudini dei clienti, si può arrivare al nocciolo della questione; quanto spesso si lavano i capelli, a quali prodotti fanno affidamento, quanto spesso si tagliano i capelli. La gamma dei prodotti tricologici Alterna soddisfa ogni esigenza professionale affinché le cliente possano esibire capelli ricci sani e lucenti.

My Canvas by ALTERNA

Alterna, l'azienda che realizza prodotti tricologici di lusso per la cura dei capelli, formulati senza sostanze chimiche aggres-

sive e additivi, annuncia il lancio della sua collezione Textures & Curls di My Hair. My Canvas, la linea 100% vegana di Alterna presenta una collezione ad alte prestazioni e senza siliconi con 5 formule progettate per celebrare texture naturali e capelli ricci.

Molte donne in tutto il mondo, hanno capelli ondulati, ricci o crespi e preferiscono prodotti progettati specificamente per trattare la loro consistenza. Alterna sa che ogni riccio è unico e lavare i capelli spesso può essere faticoso e noioso.

My Canvas semplifica la routine per la cura dei capelli ricci, poiché la sua formula multi-beneficio si adatta a tutti i ricci, riduce il numero di prodotti necessari per risultati sorprendenti. Aumenta l'idratazione e prenditi cura della texture e dei ricci con il balsamo per ricci Begin Again o More Butter Masque, allunga i ricci con l'uso iniziale dell'allungatore per ricci Loosen Up o combatti l'effetto crespo con il detergente per ricci Begin Again e il gel definizione ricci My Way.

Questa innovativa linea per la cura dei capelli ricci è realizzata con nuovi ingredienti, delicati su ogni ciocca, come il n burro di cacao del commercio equo e solidale, il burro di karité, l'estratto di prugna Kakadu, l'olio di semi di Moringa e il fiore di banana di provenienza sostenibile, e ogni formula contiene My Hair.

Il caviale botanico vegano di provenienza sostenibile di My Canvas e il nuovo olio di cocco del commercio equo e solidale. formule vegane ed è certificata PETA cruelty-free.

Ogni prodotto della collezione Textures & Curls è progettato per aiutare i capelli ad apparire e sentirsi sani e forti per rendere più semplice per chiunque abbia dei ricci celebrare il proprio stile.

Aveda regali sostenibili

Una collezione di regali consapevoli che celebra l'alta moda e l'alta scienza unite dalla natura

Aveda, il marchio di cura dei capelli vegan e ad alte prestazioni con una missione di cura per il mondo, è orgoglioso di annunciare una collaborazione esclusiva in edizione limitata in partnership con la famosa stilista e couturier olandese Iris van Herpen per le festività del 2023, che segna la prima collaborazione beauty di questo genere per van Herpen.

Gli abiti di couture di van Herpen sfilano regolarmente sui red carpet, in film iconici e sulle passerelle di tutto il mondo, ma anche negli hair show guidati da Antoinette Beenders, Senior Vice President of Global Professional Artistry di Aveda.

La collezione Holiday Aveda x Iris van Herpen Holiday include una serie di cofanetti in edizione limitata con all'interno i best seller Aveda, in esclusive confezioni regalo eleganti ed essenziali.

Le scatole regalo in edizione speciale e gli altri elementi dei packaging sono realizzati in carta riciclata certificata FSC. Queste scatole regalo dal feeling premium ma sostenibili rendono superfluo l'utilizzo della carta da regalo, oltre ad essere riutilizzabili e decorative. Ogni elemento delle confezioni regalo della collezione natalizia in edizione limitata è anche riciclabile.

BOTANICAL REPAIR
Botanical Repair Day & Night Strengthening Treatments - ESCLUSIVA SEPHORA
Botanical Repair Strengthening Essentials: Light
Botanical Repair Strengthening Essentials: Rich
NUTRIPLENISH
Nutriplenish Hydration Treatment Set
Nutriplenish Hydrating Essentials: Light Moisture
Nutriplenish Hydrating Essentials: Deep Moisture
BODYCARE
Hand Relief & Foot Relief Essentials
Hand Relief Iconic Aroma Trio

La collezione holiday limited edition Aveda x Iris van Herpen è disponibile in tutto il mondo presso gli esclusivi saloni Aveda, su **Aveda.it** e presso i retailer selezionati.

Alter Ego Italy a sostegno di fondazione veronesi e del progetto Pink Is Good

Una crema mani per la ricerca: si chiama "Pink is Good" ed è firmata Alter Ego Italy; è nutriente e idratante, ripara e protegge le mani da secchezza e screpolature, prendendosi cura della bellezza delle mani. Inoltre si assorbe rapidamente e non unge, lasciando la pelle liscia ed elastica.

Il progetto Pink is Good, nasce nel 2013 con due grandi obiettivi per combattere i tumori tipicamente femminili: educare e promuovere la prevenzione, indispensabile per individuare la malattia nelle primissime fasi, sensibilizzando l'opinione pubblica e facendo informazione sul tema, e sostenere concretamente il lavoro quotidiano dei ricercatori che, anno dopo anno, grazie ai tanti finanziamenti di borse e progetti, hanno fatto sì che la ricerca scientifica compiesse passi da giganti. I dati dicono infatti che se il tumore è diagnosticato in fase iniziale le possibilità di guarire superano il 90%.

Alter Ego Italy, brand haircare professionale la cui filosofia si basa sulla bellezza, sulla cura e sul rispetto del prossimo e dell'ambiente, è al fianco, per il secondo anno Fondazione Veronesi, fondata da Umberto Veronesi nel 2003, sostenendo il progetto Pink is good e finanziando una borsa di ricerca a sostegno della ricerca scientifica sui tumori tipicamente femminili. Questa esclusiva crema mani, infatti, sarà disponibile nei saloni alter Ego Italy e parte del ricavato sarà devoluto a Fondazione Veronesi, che assegnerà ad un ricercatore - attraverso l'annuale bando pubblico - una borsa di ricerca, per continuare lo studio e la cura del tumore al seno in centri di eccellenza italiani. **Info: ALTER EGO ITALY, Beauty & Kindness**

hairstylist
People Coiffure
FROM FRANCE
42
iHF italian & international hair fashion • n° 45 / 2023

credits :: crediti
creative director: Eric Zemmour
photo: Maciej Swistek
make up artist: Anna Sokolowska
stylism: Nana Chomik
models: Viktoria / Azizbek
production: MKPRODUCTION

hairstylist
Shampoo Expert
FROM GREAT BRITAIN
46

credits :: crediti
creative director: Eric Zemmour
photo: Maciej Swistek
make-up: Maja Blawuciak
stylisme: Nana Chomik
production: MKPRODUCTION

Linee Tomatix

La nuova gamma Tomatix per il perfezionamento dell'incarnato capace di trattare la pelle e perfezionare con un effetto immediato e a lungo termine.

La Linea Viso Tomatix con tre referenze - crema viso, trattamento topico e detergente viso delicato - vanno nella direzione della cosmetica funzionale. Formule innovative che si ispirano al rispetto dell'equilibro cutaneo e all'efficacia correttiva di principi attivi esclusivi.

Dal brevetto Bix'Activ™ di BASF, nasceva nel 1982 una formula preziosa e raffinata nel corso del tempo, usata con efficacia da più di 40 anni per contrastare le imperfezioni della pelle del viso, acne e brufoli nasce la linea Dal perfezionamento della formula originale acquisita nel 2023 da Wonder Company nasce la nuova linea Tomatix Wonder Company. La linea Tomatix è proprio a base di Bix'Activ™ estratto naturale dai semi di Bixaorellana che aiuta a contrastare l'eccessiva produzione di sebo. La linea contiene inoltre il Fitoderivato del Pomodoro, astringente naturale che aiuta a ridurre la produzione di sebo e controllare la comparsa di brufoli. Il fitoderivato contiene vitamina A, vitamina C e licopene, che regolano il pH della pelle acido salicilico e acido ialuronico. La formulazione contiene inoltre acido ialuronico e acido salicilico, che riduce la comparsa di imperfezioni.

L'uso costante dei tre prodotti Tomatix, Detergente viso Tomatix, Crema viso, Pore refiner pensati per gli step essenziali della beauty routine, regala una pelle purificata e riequilibrata.

Info: www.wondercompany.com

Tre nuove creme viso firmate wonder company

Vitamina C, Retinolo e Collagene Vegan: rivitalizzanti fonti di giovinezza, sono questi gli attivi delle nuove creme viso create dal luxury brand italiano, che agiscono in modo mirato sui differenti tipi di pelle.

Sensibile, vulnerabile, mista o normale, messa a dura prova da età, aria e sole, la pelle, in particolare quella del viso, merita un'attenzione particolare. Perché è unica e speciale, al punto che ognuna necessita di un suo trattamento specifico. Dall'impegno decennale nel campo della beauty skincare, arriva la nuova linea crema viso Skin Repair, novità 2023 firmata Wonder Company. A base di Retinolo, Vitamina C e Collagene Vegan, le tre nuove creme viso della collezione Skin Repair completano il tris di sieri a base degli stessi attivi, per offrire una beauty routine specifica, completa e concentrata sullo stesso risultato: proteggere la pelle e restituirle giovinezza, elasticità e luminosità. Frutto dell'incessante innovazione cosmetica del marchio italiano, queste nuove creme viso Skin Repair sono dermatologicamente testate e approvate dall'Università di Ferrara.

- RETINOLO CREAM SKIN REPAIR WONDER COMPANY
- COLLAGENE VEGAN CREAM SKIN REPAIR WONDER COMPANY
- VITAMINA C CREAM SKIN REPAIR WONDER COMPANY

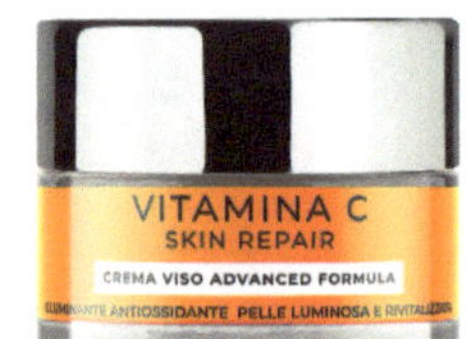

Le nuove creme viso Skin Repair di Wonder Company sono disponibili nelle migliori farmacie del territorio nazionale, con un totale di oltre 3000 punti vendita attivi. Tutti i prodotti delle linee Wonder Company sono disponibili anche online sul sito ufficiale: www.wondercompany.it - Wonder Company – Born in Hollywood, Made in Italy

Unghie smart & eco-friendly: Collaborazione tra QVC Italia e Manucurist

QVC Italia, arricchisce la propria offerta di proposte beauty presentando sulle proprie piattaforme, **Manucurist**, brand francese di nailcare green, clean&vegan che si contraddistingue per la ricerca di soluzioni eco-friendly per smalti e prodotti accessori.

La collaborazione tra QVC Italia e Manucurist nasce dalla condivisione degli stessi valori: realizzare prodotti dagli standard elevati e dalle formule efficaci e rispettose della salute e dell'ambiente.

Proprio come Manucurist, i cui prodotti vantano elevate percentuali di ingredienti di origine naturali, come l'estratto di cotone, lo zucchero di canna, il grano, il mais. In particolare, il successo del brand francese si deve ad un prodotto che ha davvero rivoluzionato il mercato delle unghie, ovvero l'innovativo **Green Flash™** il primo smalto LED semipermanente con una formulazione **9free** che si applica come un gel e si rimuove come uno smalto normale con l'apposito solvente, senza acetone. Grazie alla formula peel off e ai tools abbinati, lo smalto è facilmente rimuovibile anche dalle meno esperte e non indebolisce l'unghia. Inoltre, questo smalto asciuga istantaneamente con la lampada in dotazione e rimane brillante e resistente fino a 10 giorni.

Lo smalto **Green Flash™ di Manucurist** – che permette di ricreare a casa un rituale di manicure completo senza rinunciare a criteri fondamentali come la durata e la praticità degli step, rispettando il benessere dell'unghia - è in vendita su QVC (Digitale terrestre e su Tivùsat, canale 32, Sky canale 475), su QVC+ (canale on-demand) e sul sito e-commerce **www.qvc.it**.

SPA-Hideaway Cape of Senses: Una SPA di lusso sul Lago di Garda, un panoramico hotel cinque stelle "adults only" sulla sponda occidentale del Garda.

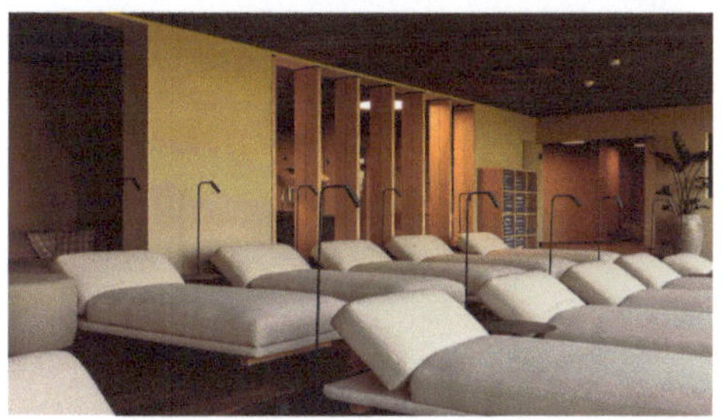

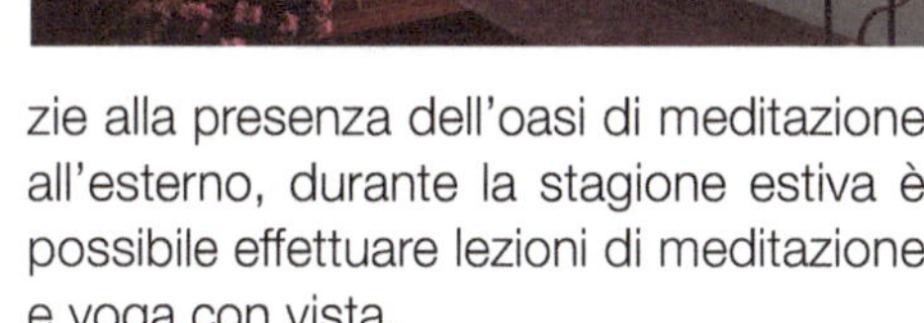

Ad Albisano, sopra Torri del Benaco (VR), SPA-Hideaway Cape of Senses (Adults Only) 15.000 mq di superficie, una grande SPA con 2 piscine, 2 ristoranti, 450 mq di ambiente acquatico e un panorama unico sul Lago di Garda, promette di soddisfare i 5 sensi, attraverso una cucina sostenibile ed eccellente, una cura meticolosa del corpo e dell'anima, standoin mezzo alla natura e ammirando il lago dall'estremità Nord fino a quella Sud. La SPA, in particolare, si sviluppa su due piani per 2.000 m², innanzi a un giardino di 10.000 m², con olivi secolari. Una

zona Health & Beauty con sette salette a disposizione, una private spa per trattamenti e pacchetti di coppia, un angolo Health Food, una grande SPA Library con limoni e ulivi dove rilassarsi e sentire i profumi della natura, oltre a una vasta selezione di trattamenti viso e corpo olistici. La Senses SPA è un luogo energetico dove ripristinare l'equilibrio mentale e fisico attraverso i 5 sensi. Lo scopo è quello di accogliere gli ospiti offrendo loro un'evasione dalla routine quotidiana attraverso un tempio del benessere, dove ogni ambiente sia in grado di far sviluppare nuovamente i propri sensi, creando emozioni legate ad essi.

Lo SPA Menù parte proprio dalla stimolazione dei sensi. Aromaterapia con oli essenziali estratti da piante e fiori selvatici officinali, manualità personalizzate, differenti texture di prodotti, musica studiata appositamente evocata anche da antichi strumenti, differenti tisane. L'oasi della meditazione, immersa nel giardino e con una magnifica vista sul Lago di Garda completa il tutto. La proposta si adatta alle stagioni giocando con la diversità degli oli essenziali utilizzati. Inoltre, grazie alla presenza dell'oasi di meditazione all'esterno, durante la stagione estiva è possibile effettuare lezioni di meditazione e yoga con vista.

Le aree relax prevedono anche una SPA Library e tisaneria, con fiori essiccati e foglie di tè infusi nell'acqua, per sfogliare un libro e riscoprire l'armonia interiore. Sono presenti libri e riviste di ogni genere: libri illustrati, riviste specializzate, quotidiani e letture consigliate; tra le mensole della SPA Library si celano racconti, fotografie d'autore e consigli da carpire al volo.

Il benessere fisico si coniuga sempre con quello spirituale, per questo l'offerta comprende attività olistiche di gruppo e private come la meditazione, yoga, sessioni di campane tibetane, stretching dei meridiani.

Info: www.capeofsenses.com

La versione digitale e cartacea di questa rivista

è ora disponibile

anche su

amazon

Per ulteriori informazioni: info@isomedia.it - Tel. e fax 02. 48409019

www.ihfmagazine.it